VIVO EN MI CORAZÓN

25 MANDALAS DISEÑADOS PARA TRANSITAR EL DUELO ANIMAL COLOREANDO

ARTE x MIRIAM SIFONTES

Respirar y Colorear

@SOMOSUNMANDALA & @EMMADUELOANIMAL

BIENVENIDOS A UN VIAJE DE AUTOSANACIÓN DE LA MANO DEL ARTE CON MANDALAS, SU GEOMETRÍA Y SÍMBOLOS SAGRADOS, INSPIRADOS EN EL PROCESO DE DUELO ANIMAL Y SUS ETAPAS

A lo largo de la vida vamos a enfrentar eventos que van a significar un cambio importante para nosotros, en algunos casos, nos van a causar dolor y nos van a hacer entrar en duelo, rara vez, nos damos cuenta, pues solemos vincularlo solo a la pérdida física y no siempre es así.

Lo más sano que podemos hacer, cuando surge una emoción, es permitirnos sentirla, vivirla y expresarla. El duelo es un proceso que se necesita transitar para aceptar, asimilar y aprender a vivir con aquello que cambió.

Diversos estudios han determinado que, por salud mental, es fundamental, cuando se está en duelo, poder expresarse de alguna forma, hablarlo y tener acompañamiento, pues evitarlo o ignorarlo solo genera sufrimiento, y aquí les proponemos hacerlo a través del arte con mandalas como herramienta de liberación emocional.

Entre más desaprobado es el duelo, más complicado resulta vivirlo, ya que la reacción natural es aislarse, no expresarlo, evitarlo, ponerse una máscara y pretender seguir como si nada. Sin embargo, conviene transitarlo e integrarlo. Es un proceso natural requerido para la adaptación a una nueva realidad.

En esta oportunidad la inspiración nace de los animales que forman parte de nuestra familia y entorno, y lo que pasa cuando nuestro compañero animal, enferma, envejece, se pierde o muere, que sin duda, genera un duelo. Poco o nada distingue este duelo de otros, salvo, el entorno social, la contención, la falta de ceremonias, la falta de comprensión laboral y la educación en general sobre el duelo.

El duelo animal, es desaprobado o privado de derechos, porque no es un duelo reconocido abiertamente, ni apoyado socialmente, no puede ser abordado públicamente, se considera que, supuestamente, el dolor es desproporcionado y que ese cambio o esa muerte no es suficientemente significativo como para sentirlo, en algunos casos, la relación que tenemos con nuestro familiar peludo o emplumado es estigmatizada, pues la consideran moralmente inaceptable, indebida o antinatural, como si el amor conociera de especie.

Cuando transitamos un duelo desautorizado, como el animal, el dolor es tan profundo que, a veces, no tenemos palabras para describirlo o no podemos hacerlo abiertamente, sin embargo, a través del arte, las pinturas, los mandalas, podemos expresarnos, exponer lo que sentimos, conectar y desconectar de ese dolor. Usando las palabras de Isa Fonnegra: "En momentos de oscuridad no hay que cerrar los ojos, hay que abrirlos y buscar la luz" y gracias a la introspección que nos ofrecen los mandalas y su geometría, los colores y sus diferentes significados, se convierten en una forma sana y creativa de transitarlo.

Grandes artistas, compositores, escritores, escultores y pintores han creado sus mejores obras en duelo, Claude Monet, al perder a su hijo y su esposa, por mencionar un ejemplo. Sin duda, el arte, los colores, los mandalas, son una forma de expresión, considerada, desde tiempos remotos, como herramienta terapéutica para personas en duelo.

El duelo no es malo, cuando vivimos cada una de nuestras emociones, es posible aprender que el dolor puede sanARTE.

"Los espejos se emplean para verse la cara, el arte para verse el alma." George Bernard.

Cada una de sus etapas las transitamos para algo, cada emoción tiene una labor fundamental: el shock o negación, te raciona el dolor, es un amortiguador; la rabia nos da fuerza, la negociación, nos ayuda a entender que pudo haber pasado; la tristeza o depresión nos ayuda a mirar hacia dentro y a detenernos, y finalmente; con la aceptación, normalmente ya hemos transformado el dolor en amor.

Es posible a través de los mandalas transitar cada una de estas etapas y expresar en cada una lo que nos hace sentir. Lo realmente importante es que durante el proceso afloren los sentimientos, las emociones y los pensamientos, sin juicio y que el producto final tenga significado para quién lo realiza, siendo esta obra un reflejo de lo que sucede en su interior.

Los mandalas son un instrumento que se puede aplicar a lo largo de todo el proceso del duelo. Nos permite transitar y liberar emociones, aumenta la capacidad de concentración, disminuye el estrés y la angustia, fomenta la sensación de bienestar, desarrolla la paciencia y la creatividad, permite la meditación en acción, armoniza y equilibra a la persona en todas sus dimensiones y es una herramienta muy valiosa en los procesos de autoconocimiento y transformación.

Como el alma decida pintarlos será siempre perfecto y hermoso, SÓLO RECUERDA AL INICIAR TOMAR RESPIRACIONES PROFUNDAS PARA CONSEGUIR LA RELAJACIÓN E INSPIRACIÓN DURANTE TU PROCESO CREATIVO Y DE LIBERACIÓN EMOCIONAL.

A continuación encontrarán 25 diseños de mandalas clasificados en 5 partes de acuerdo a cada etapa del duelo, que serán brevemente descritas, y cada mandala lleva una reflexión a tomar en cuenta al momento de intencionar el espacio de meditación activa.

Es importante destacar que cada duelo es tan distinto, como personas en el mundo, cada uno vive su duelo de manera diferente, ningún proceso es igual, es tan individual como nuestras vidas. El duelo puede ser tan complejo, como lo somos los seres humanos, normalmente, podría haber más estados o síntomas de los aquí mencionados.

En términos generales, trabajaremos 5 etapas, que no son únicas, no es obligatorio transitarlas todas y tampoco son lineales, es normal repetirlas, todas o algunas.

Con amor, Arte por MIRIAM SIFONTES gracias a la invitación e inspiración de EMMA VIDAL y su pasión por los animales, ambas nacidas en Venezuela, unidas en principio por nuestros estudios universitarios en la Escuela de Derecho y ahora dedicadas a poner al servicio nuestras vocaciones, Miriam como artista acompañante de procesos creativos a través de técnicas de meditación activa y Emma como acompañante profesional de duelo animal, con la intención de que esta herramienta creativa les brinde un tránsito por el duelo más amoroso y de gran sanación.

Mayo, 2024.

1. SHOCK O NEGACIÓN

En la primera etapa nos sentimos desvinculados de lo que pasó, no creemos que sea real, nos vemos como espectadores, es normal sentir síntomas físicos de estrés. Es una etapa valiosa pues nos dosifica el paso del dolor, es una protección natural del cerebro. Expresiones como "No, esto no puede ser", "Esto no puede estar pasando" pueden ser recurrentes en esta etapa. Por lo general, dura poco, incluso a veces, es posible no sentirla.
Pintar estos mandalas ayuda a conectar con la realidad, expresarse, desahogarse y como ceremonia de honra al compañero animal.

Lo que siento, es un protector que deja pasar el dolor de forma progresiva; me abro a comprender esta nueva realidad

Respirar y Colorear

No sé por qué esto me está pasando a mi, pongo toda mi intención
para desprenderme de lo que creo o espero

Respirar y Colorear

La muerte física es la prueba suprema de mi capacidad de amar,
elijo el amor

Respirar y Colorear

Sé que hay un final, pero cuando llega me cuesta creerlo, llevo la paz a ese aspecto de mi vida ahora

Respirar y Colorear

No puedo controlar lo que sucede, procuro integrar que todo en
la vida cambia, la vida solo es y eso está bien

Respirar y Colorear

2. RABIA, IRA, CULPA

Luego empezamos a tomar consciencia del cambio que surgió en nosotros, es momento de exteriorizar todo lo reprimido. En esta etapa tratamos de buscar responsables o culpables, incluso añadimos sufrimiento al dolor que sentimos con esta actitud.

Entendemos que la muerte es irreversible y nos sentimos frustrados, sin embargo, la rabia que sentimos es una fuente poderosa de energía, que nos empuja a tomar acción, evita que nos hundamos. El que actúa es el dolor.

Pintar estos mándalas, ayuda para liberar y drenar toda la ira, dejando plasmado en estas páginas toda la culpa y rabia, es un espacio para expresarse y avanzar.

Siento mucha culpa y rabia, acepto que habiendo hecho todo, el
desenlace iba a ser el mismo, era su momento

Respirar y Colorear

El dolor es inevitable, el sufrimiento es opcional

Respirar y Colorear

El que me habla es mi dolor, expresar rabia e ira es algo natural para poder avanzar. Nadie me juzga, puedo expresarme como quiera

Respirar y Colorear

Abrazar el dolor y llorar también es sano

Respirar y Colorear

Justificado o no, se puede vivir la rabia con intensidad
¿De qué color es tu rabia?, ¿Qué sientes cuando llega a tu mente?

Respirar y Colorear

3.NEGOCIACIÓN

Ahora podríamos pasar a vivir en el pasado, nos preguntamos o cuestionamos lo que hicimos o lo que pudimos haber hecho, tratamos de buscar alguna solución u otro desenlace, fantaseamos con la idea de poder cambiar lo que pasó. Podemos vivir esta etapa incluso antes de la muerte, es muy común cuando nuestros compañeros animales enferman o envejecen.

Con estos mandalas, en atención plena, podrás darle voz a los "y sí" y desconectar del dolor, para transformarlo e iniciar el camino a la aceptación de que todo es como tenía que ser.

Darle vueltas a lo que pudo haber pasado, me ayuda a
comprender que lo sucedido es real. Ahora me enfoco en el
presente, en el hoy

Respirar y Colorear 🕊

Todo lo que hice estuvo perfecto porque lo hice desde el amor
con las herramientas y conocimiento que tenía en ese momento.
Ahora elijo sentirme conforme o en paz con lo sucedido

Respirar y Colorear

El regalo más grande que he tenido es haberte conocido,
reconozco mi tristeza porque sé que un día dará paso a la alegría

Respirar y Colorear

Me habría gustado salvarte de la muerte, pero eres tu quien me
salvó a mi durante toda tu vida, gracias por tanto amor

Respirar y Colorear

Lo que siento es parte del proceso, lo expreso y continúo, todo
está bien

Respirar y Colorear

4.TRISTEZA O DEPRESIÓN

Aquí la sensación de vacío es propia de esta etapa, estamos comenzando a aceptar el hecho irreparable. Vivimos todos los sentimientos vinculados a la tristeza profunda.

Puede ser una etapa larga y dura, pero nos abre el camino a seguir, es necesario desahogar el dolor, la expresión artística es indispensable ahora, pues preferimos estar solos.

Los colores ayudarán a expresar toda esa tristeza, permitiendo que el mandala sea tu gran compañía y espacio de silencio.

La tristeza no es mala, es natural, puedo vivirla, obligarme a ser
feliz complica mi duelo

Respirar y Colorear

Lloro porque pienso que terminó, sabiendo que luego voy a sonreír. Reconozco desde lo más profundo de mi ser, que el amor no se acaba con la ausencia física de mi ser amado

Respirar y Colorear

Siento que he perdido algo valioso e importante en mi vida,
puedo llorar tranquilo para transitar el desapego

Respirar y Colorear

Siento tu ausencia porque conocí el amor más puro, adoro y
honro tu recuerdo, eres mi pedazo de cielo

Respirar y Colorear

Lo que no puedo expresar o describir con palabras, lo hago a
través de los colores

Respirar y Colorear

5.ACEPTACIÓN

Ya finalmente entendemos que algo significativo cambio en nuestra vida y lo integramos desde el amor y la gratitud, el dolor ya no es el protagonista, si lo sientes, pero ya no tan punzante, sin embargo, lo que prevalece es el camino recorrido, todo lo vivido, lo aprendido.

Aceptamos que ese ser querido que ya no vive con nosotros, vive en nosotros y eso nunca morirá.

Ya no pensamos tanto en ese último momento físico, no pensamos tanto en lo que pasó, o por qué pasó, o cómo pudo haber cambiado, ahora se valora y agradece el tiempo compartido. Reconocemos que la vida es cambio y que nuestras circunstancias no nos definen, no podemos controlar lo que va a suceder, pero si nuestra respuesta ante eso que sucedió, hay aceptación y se elige fluir con la vida.

Pintar durante esta etapa te va a ayudar a reubicar a tu peludo o emplumado desde el amor, aprenderás a convertir el dolor en amor, te servirá como homenaje o ceremonia, a vivir el ahora en gratitud con los más bonitos y alegres recuerdos de lo compartido.

Dejarte ir es una gran prueba de amor, no solo hacia ti, si no
hacia mi mismo, esta es mi ofrenda a nuestro amor

Respirar y Colorear

Llegaste a mi vida, solo a darme amor, mereces un homenaje
desde el amor

Respirar y Colorear

Valoro todo lo vivido y agradezco el tiempo compartido, ahora
comprendo que todo es finito en esta vida

Respirar y Colorear

Estoy aprendiendo a vivir con lo que ya no tengo físicamente,
ahora mi forma de amar se ha transformado

Respirar y Colorear

En gratitud me abro al amor universal para volver a sentir desde
el amor y que solo eso prevalezca, guardo nuestros mejores
recuerdos juntos en mi corazón

Respirar y Colorear

Para finalizar el viaje te invitamos a trazar y pintar tu propio mandala intuitivamente, incluyendo palabras o frases si lo deseas.

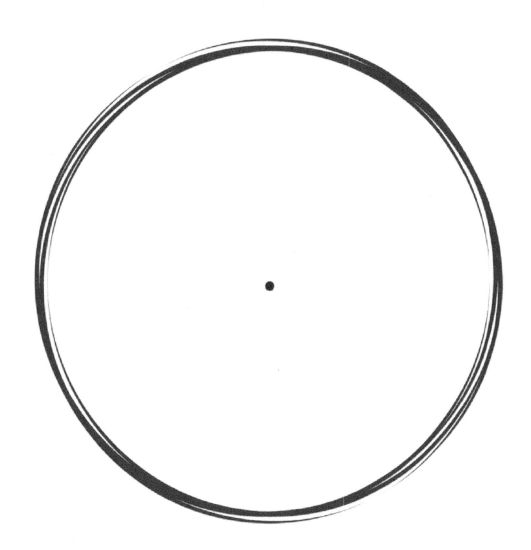

Respirar y Colorear

SONRÍE Y CONFÍA

GRACIAS
GRACIAS
GRACIAS

Made in the USA
Las Vegas, NV
13 November 2024